LA STÈLE CHRÉTIENNE DE

SI·NG·AN·FOU

QUELQUES NOTES EXTRAITES D'UN COMMENTAIRE INÉDIT

PAR LE

P. HENRI HAVRET

DE LA COMPAGNIE DE JÉSUS.

LIBRAIRIE ET IMPRIMERIE
ci-devant
E. J. BRILL
LEIDE. — 15 août 1897.

LA STÈLE CHRÉTIENNE DE

SI-NGAN-FOU

QUELQUES NOTES EXTRAITES D'UN COMMENTAIRE INÉDIT.

LA STÈLE CHRÉTIENNE DE

SI-NGAN-FOU

QUELQUES NOTES EXTRAITES D'UN COMMENTAIRE INÉDIT

PAR LE

P. HENRI HAVRET

DE LA COMPAGNIE DE JÉSUS.

LIBRAIRIE ET IMPRIMERIE
CI-DEVANT
E. J. BRILL
LEIDE. — 15 août 1897.

INDEX.

Imprimerie ci-devant E. J. BRILL. — Leide.

LA STÈLE CHRÉTIENNE DE SI-NGAN-FOU.

QUELQUES NOTES

PAR

LE PÈRE HENRI HAVRET, Soc. J.

Vers la fin de 1895, nous donnions un fac-similé de la célèbre inscription de *Si-ngan-fou* [1]). Cette publication devait être bientôt suivie de l'historique du monument, puis d'une nouvelle traduction ; mais la maladie et nos occupations de missionnaire ont retardé la rédaction et l'impression de ces travaux bien au delà de nos prévisions.

Les notes historiques vont enfin paraître dans peu de jours. Nous en détachons un passage qui servira d'introduction naturelle au présent article.

Il s'agissait de déterminer la part faite par *King-tsing*, l'auteur de l'inscription, à la phraséologie des différentes sectes chinoises, et nous avons conclu ainsi : « Confucianisme et Taoïsme devaient céder la place au Bouddhisme pour les désignations hiérarchiques et pour les choses du culte ; de même qu'aux conceptions abstraites et métaphysiques convenait mieux le répertoire Taoïste. Tout le reste, principes moraux aussi bien qu'allusions littéraires, fut en général dévolu aux livres canoniques ou historiques. Nous avons eu l'idée de faire relever par un lettré

---

1) *Variétés Sinologiques*, N°. 7.

chinois la liste de ces emprunts, suivant les sources auxquelles ils sont attribués, et leur ensemble nous a paru présenter un véritable intérêt. Cette liste renferme de trois à quatre cents expressions; c'est-à-dire qu'autant de fois, un habile lettré lisant notre inscription ressentira cette satisfaction d'humaniste qu'éprouve tout Chinois, lorsqu'on évoque devant lui un souvenir des âges antiques. Plus de trente de ces expressions sont empruntées au livre des Mutations; presque autant viennent du livre des Vers; une vingtaine de celui des Annales. Les seuls livres canoniques (經) fournissent un total d'environ 150 allusions. Les Historiens (史) en donnent plus de cent; les Philosophes (子), une trentaine; le reste est fourni par différentes collections [1]).»

C'est surtout à faire valoir ces richesses que sera consacrée la troisième Partie de notre étude. Nous en possédons déjà les éléments, et nous en choisissons trois ou quatre aujourd'hui pour donner un spécimen de notre futur commentaire.

Le nom de Dieu, l'Incarnation, le nom d'*Olopen* et une circonstance de sa venue en Chine, tels sont les points que nous nous proposons d'éclaircir aujourd'hui. L'importance des deux premiers ressort de leur simple énoncé. Pour les deux autres, leur choix nous a été inspiré par une boutade de Voltaire qui leur a donné un moment de célébrité.

I.

Il est assez remarquable que dans la variété de termes appliqués par la Stèle à la divinité, il ne s'en trouve aucun emprunté à la terminologie Confucéenne. Nulle part, *King-tsing*, l'auteur de cette inscription, ne donne au Dieu des chrétiens le nom de «Ciel» 天, ou de «Souverain dominateur» 上帝; mais il l'appelle tour à tour «l'Eternel» 无元, «le Créateur»

---

1) *Variétés Sinolog.*, *La Stèle chrétienne de Si-ngan-fou.* IIe Partie. Historique. Chap. II. Description. § V. Le Style, p. 216.

造化, «l'Unité trine» 三一, «le vrai Maître» 眞主, «Alaha» 阿羅訶.

Cette circonstance ne pouvait manquer d'être signalée par ceux qui se posaient en adversaires des Jésuites, dans la «question du terme». Ainsi, nous voyons dès 1668 un religieux Franciscain trouver dans ce passage de la Stèle «une Preuve très forte que le nom de XANGTI (dont Confucius avait parlé mille ans auparavant dans le CHUM JUM (*Tchong-yong*), l'un de ses quatre livres, aussi commun dans la Chine, que l'Alphabet en Europe) n'est pas celui qui signifie le vrai Dieu» [1]). Inutile de relever les ignorances que trahit ce passage. Quant à sa logique, elle nous paraît peu rigoureuse.

Cependant, peu d'années après, l'abbé Renaudot, non moins hostile aux Chinois qu'à la Compagnie de Jésus, renouvelait le même argument en ces termes: «Il est à remarquer que ces Syriens se sont servis du mot *Aloho*, et on ne peut pas douter qu'ils ne l'ayent fait, parce qu'ils ne trouvaient aucun mot dans la langue Chinoise, qui répondît à l'idée que les Chrestiens ont du vray Dieu [2])».

En 1724, le Père de Prémare, dans une réponse pleine de verve, renvoyait l'abbé Janséniste au mot «Dieu» dont il lui demandait le sens originel [3]).

Depuis longtemps du reste, les Stèles Juives de *K^cai-fong-fou* avaient fourni aux Jésuites un argument favorable à leur thèse. Le 5 Novembre 1704, le Père Gozani écrit de cette ville que les Juifs qu'il y a trouvés «adorent Dieu sous les noms de *Tien* (天), de *Cham-tien* (上天), *Cham-ti* (上帝), de *Tsao-van-voe-tche* (造萬物者), c'est-à-dire de Créateur de toutes choses; et enfin de *Van-voe-tchu-tchai* (萬物主宰). Ils me dirent qu'ils avaient pris ces noms des Livres chinois,

---

1) *Traité sur quelques points importants de la Mission de la Chine, par le R. P. Anthoine de Sainte Marie*... Traduit de l'Espagnol. Paris, 1701, p. 100.

2) *Anciennes Relations des Indes et de la Chine.* Paris, 1718, pp. 241 et 343.

3) *Lettres édifiantes.* Edit. Aimé-Martin. Tome III, p. 589.

et qu'ils s'en servaient pour exprimer l'Estre suprême, et la première cause ... comme il paraît évidemment par leurs anciens *Pai-fam* et *Pai-piens*, ou Inscriptions [1]).» Et ce ne fut point la seule fois que les écrivains de la Compagnie utilisèrent ce document. Nous voyons, par exemple, le Père Cibot [2]) «inviter nos penseurs et philosophistes à constater sur ces monuments érigés par l'autorité publique..., que le Dieu des Juifs est le même que celui que la Chine a connu et adoré de toute antiquité sous le nom de *Chang-ty*, de *T'ien*, etc.» Les Pères Domenge et Brotier firent paraître dans les *Lettres édifiantes* [3]) des observations semblables.

Dominicains et Jansénistes avaient donc pour eux la Stèle de *Si-ngan-fou*; les Jésuites avaient en leur faveur celles de *K'ai-fong-fou*.... Dans une question si obscure, Rome dut intervenir «pour trancher le nœud gordien». Mais plus tard, les Protestants se virent divisés par les mêmes disputes, sans qu'il leur fût possible d'en sortir. Vainement, le Dr. Medhurst, à la date du 30 Janvier 1850, s'adressant à ses confrères de la Chine [4]), les supplia-t-il d'emprunter désormais le nom de Dieu à l'inscription de *King-tsing*. «Le terme d'Eloah, disait-il, est sanctionné par les Écritures, nous sommes dès lors dans le vrai en l'employant, et cela sans erreur ni controverse possible...» Sa proposition ne fut point écoutée, et pendant que les uns trouvaient dans la terminologie des Juifs [5]) une confirmation de l'emploi fait par eux des mots *T'ien* et *Chang-ti*, les autres, pour «se délivrer de tout mélange avec la superstition chinoise», inventaient pour désigner Dieu, de nouvelles

---

1) *Lettres édifiantes*. VII Recueil. Paris, 1707, pp. 9, 25, 26. — On peut voir, à la suite de la même lettre (pp. 33 à 37) une «Remarque» justifiant la conduite des missionnaires de la Compagnie qui usaient du mot *T'ien* pour désigner Dieu.

2) Lettre du 28 Oct. 1770, publiée dans les *Etudes religieuses* de Nov. 1877, pp. 752, seqq.

3) XXXI Recueil, p. 326.

4) *Chin. Reposit.* Vol. XIX, 1850. Defense of an Essay on the proper rendering of the word Elohim into the Chinese language.

5) *Che Jews at K'ae-fung-foo*. Chang-hai, 1851.

expressions, ou même acceptaient celle de *T'ien-tchou* 天主, composée jadis par Ricci et imposée aux Catholiques par Clément XI [1]).

Nous n'avons aujourd'hui à nous occuper que du mot Syriaque employé par *King-tsing*; et à son sujet, nous présenterons plusieurs remarques qui nous semblent intéressantes.

Tous les missionnaires Jésuites qui ont traduit notre inscription ont vu dans les caractères 阿 羅 訶 une *phonétisation* du vocable *Alaha* [2]).

«*Hō lŏ hō (elohim)*» écrit Trigault, le premier d'entre eux, dès 1625, dans sa traduction jusqu'ici inédite. Tous les autres l'ont imité, bien qu'avec des orthographes différentes: *Oloho*, *O lo o*, *holoo*, etc.

Plusieurs d'entre eux, tout en maintenant cette traduction, sont tombés dans une singulière méprise. La phrase chinoise par laquelle se termine le nom d'*Alaha*, tout en étant affirmative, est construite sur le mode exclamatif et se clot par la particule 歟 *yu*. La version italienne de 1631, ne remarquant pas cette propriété de la langue chinoise, a joint ce son à ceux des trois caractères précédents, ce qui nous a valu cette version: «O lò ò yu (che in caldeo vuol dire Elohà)». Disons en passant que ce seul trait, venant d'un Jésuite de *Pé-King*, presque au lendemain de la découverte du fameux monument, nous semblerait une preuve suffisante de la parfaite loyauté des missionnaires.

Le Père Boym, dont la *China illustrata* de Kircher a reproduit la traduction, est pareillement tombé dans cette grave méprise.

Mais ce que Dominicains et Jésuites ignorèrent toujours, c'est

---

1) *Historical Summary of the different versions, with their terminology*, par le Rév. Wm. Muirhead, dans *Records of the General Confer. of the Prot Miss. of China ... Chang-hai*, 1890.

2) «Pour le nom de Dieu, m'écrit le Père Louis Cheïkho, vous pouvez lire *Alaha* d'après les Syriens orientaux (Nestoriens), ou *Aloho* d'après les Syriens occidentaux (ou Jacobites).»

que le nom d'*Alaha*, qui se lit sur la Stèle de 781, se trouve aussi dans les ouvrages Bouddhiques.

Personne, que nous sachions, n'a expliqué jusqu'ici la présence de cette expression dans le vocabulaire Bouddhique. Il est vrai que dans son *Handbook of Chinese Buddhism*, M. Ernest Eitel l'a présentée sous le mot *Arya*, à la suite des expressions 阿畧, 阿犁耶, 阿利耶. Ce mot, synonyme de 聖 «saint», ou de 尊者 «Révérend», est un titre donné à «ceux qui, s'étant rendus maîtres de l'*Aryasatyani* (四諦 Quatre Dogmes), sont sur le chemin du *Nirvana*: ces saints personnages comprennent quatre classes (四部), dont la plus élevée est celle d'*Arhat*».

La première découverte de cette mention m'avait passablement intrigué. Je conjecturais, à la vérité, qu'une erreur de transcription avait dû conduire M. Eitel à attribuer au mot *Arya* une expression chinoise qui ne convenait qu'à *Arhat*, le caractère 羅 n'ayant jamais été pris, à notre connaissance, par les anciens Bouddhistes pour le son *li* ou *ri*. Mais même ainsi transposée, la présence de l'expression *Alaha* dans la terminologie Bouddhique ne laissait pas de m'intéresser. A quelles sources M. Eitel l'avait-il puisée? Et surtout, qui, des chrétiens ou des Bouddhistes, en avaient usé les premiers? Telles sont les deux questions que je priai M. le consul Parker d'adresser en mon nom à l'auteur du *Handbook*. La réponse, qui me satisfit médiocrement, fut la suivante: «Mes sources ont été surtout des Vocabulaires chinois placés à la suite des éditions classiques des *Sutras*, que je me procurai dans un temple de Canton... Autant qu'il m'en souvient, je trouvai 阿羅訶 dans le sens de 尊者, comme une appellation ou titre dans les Vocabulaires chinois des dynasties Tang ou Song».

Vers la même époque, je reçus sur la même question cette réponse de M. Chalmer: «Je suis incliné à croire que si les trois caractères 阿羅訶 sont employés par les Bouddhistes pour ce que nous appelons 羅漢, et par les Nestoriens pour

Eloah, ce ne peut guère être plus qu'une coïncidence fortuite, ou le résultat de l'ignorance, les Bouddhistes n'ayant point la conception de ce que signifie ce nom dans l'usage chrétien».

Tont cela, je l'avoue, était loin de satisfaire ma curiosité. Je dus chercher ailleurs, et voici le résultat de mes recherches.

Deux ouvrages chinois nous ont offert l'identification de l'*Alaha* chrétien et de l'Arhat indien. Ce sont précisément les Recueils que Stanislas Julien [1]) signalait en 1853 comme «fort rares, et qu'il était impossible de se procurer à cete époque». Ces ouvrages «contenant la collection presque complète des mots *Fan*» ont été heureusement réédités dans ces derniers temps. Un intervalle de cinq cents ans les sépare.

Le plus ancien a pour titre 一切經音義 *I-ts‘ié-king-yn-i* «Sons et sens de tous les *Sutras*»; il comprend 25 *Kiuen* et cite 443 ouvrages différents. Il a été composé sous les *T‘ang*, vers la fin de la période 貞觀 *Tcheng-koan* (649 ap. J.-C.) par le *Sramana* traducteur (翻經沙門) 玄應 *Hiuen-yng* [2]), au monastère 大慈恩寺 *Ta-ts‘e-ngen-se* de *Tch‘ang-ngan* 長安.

Au 8e *Kiuen* du dit ouvrage, fol. 6, v⁰, nous trouvons à propos de l'expression 眞人 *Tchen-jen*, extraite du 維摩詰經 (*al.* 佛法普人法門三昧經) [3]), la définition suivante: 眞人、此卽阿羅漢也、或言阿羅詞經中或言應眞或作應儀亦云無著果皆是一也. Ce passage nous offre un curieux exemple du génie éclectique

---

des Chinois en matière de religion: il nous présente en effet
comme synonymes, le vocable essentiellement taoïste 眞人
Tchen-jen, le mot hindou 阿羅漢 *Arhan* ou *Arhat*, et enfin
l'expression employée par les prêtres Syriens. Une commune
définition embrasse ces dénominations d'origine diverse; elles
signifient toutes: «Divinisé, idéalisé, qui a atteint le fruit
du détachement».

Le second Recueil a pour titre 翻譯名義集 *Fan-i-
ming-i-tsi*, «Recueil des sens des mots traduits» [1]. La préface
en est datée de 1157, sous le règne de *Kao-tsong*, premier
empereur des *Song* méridionaux. Elle est due, ainsi que le
recueil lui-même, à 法雲 *Fa-yun* (*Dharma-mégha*), lequel
vivait au même temps dans le monastère de 景德寺 *King-
tᶜe-se* à *Sou-tcheou* [2].

Le premier volume de cet ouvrage débute par le chapitre
十種通號 «Les dix titres synonymes de Bouddha.» — «*Fou*
(佛), dit notre auteur, a une vertu sans bornes; et tels sont
pareillement ses titres.» Or le second des titres exposés au
même lieu est précisément 阿羅訶. Voici ce passage curieux:

阿羅訶、秦云應供、大論云、應受一切天地衆
生供養、亦翻殺賊、又翻不生、觀經疏云、天
竺三名相近、阿羅訶、翻應供、阿羅漢、翻無
生、阿盧漢、翻殺賊 [3].

Ainsi, trois ouvrages cités par *Fa-yun* définiraient *Alaha*:
«Celui qui est l'objet du culte, digne du service de tous les
vivants». Et un d'entre eux au moins en ferait un titre «presque synonyme» de deux autres expressions signifiant: «qui

---

1) Notre édition est celle de *Hang-tcheou*, 1869. — Les *Annales des Tᶜang*
(49ᵉ *Kiuen*) donnent au même ouvrage le titre de 大唐衆經音義
Ta-Tᶜang-tchong-king-yn-i

2) C'est par erreur que Stan. Julien a placé ce monastère dans le *Hou-koang*.

3) L'ouvrage 翻譯名義集選, simple abrégé du précédent, donne
les mêmes définitions du mot *Alaha*.

n'est plus soumis à la loi de la naissance; qui a détruit l'ennemi, les passions.»

Il est assez curieux de voir l'expression syrienne, jadis reléguée au second rang dans un vocabulaire et à titre de simple définition, occuper au XIIe siècle une place honorable comme mot défini dans les explications du compilateur bouddhiste.

Mais quelle peut-être l'origine de cette dénomination? — A défaut de preuves entraînant une certitude absolue, il existe à notre avis d'assez fortes présomptions en faveur de la possession plus ancienne des chrétiens, pour que le doute ne soit guère permis.

Le *Ta-luen* et le *Koan-king-chou*, que nous n'avons point identifiés, sont suivant toute vraisemblance postérieurs à l'ouvrage de 649, qui ne les cite pas. Puis, fussent-ils antérieurs, rien ne montre que les définitions données par eux, appliquées par *Fa-yun* au mot *Alaha*, n'aient point été en réalité celles du vocable clairement écrit 阿羅漢 Arhat ou Arhan. J'en dis autant de l'autorité désignée sous le nom de 秦 *Ts'in*, qui, d'après le préambule de *Fa-yun*, désigne probablement quelque ouvrage de *Kumaradjiva*: celui-ci vivait au commencement du Ve Siècle, sous les *Ts'in* postérieurs.

A ces arguments purement négatifs, nous ajouterons les raisons suivantes: 1° L'arrivée d'*Olopen* à *Tch'ang-ngan* date de la 9e année 貞觀 *Tcheng-koan* (635), tandis que *Hiuen Yng*, le premier auteur chez lequel nous trouvions une mention directe du vocable *Alaha*, n'avait écrit son livre que vers la fin du même règne (649), environ quinze ans plus tard. — 2° On se souvient que les livres sacrés apportés à la Capitale par *Olopen* furent sans retard traduits à la Cour, par ordre de l'empereur *T'ai-tsong*, qui trois ans après (638) reconnut par un édit l'excellence de leur doctrine. — 3° Suivant toute vraisemblance, la traduction ou mieux la phonétisation du nom du Dieu qu'adoraient les chrétiens, dut être dès lors consacrée, et il n'y a aucune raison de supposer que *King-*

tsing, écrivant notre inscription en 781, se soit écarté de la version admise par *Olopen*. — 4° De plus, l'an 645, après une absence de dix-sept ans dans les contrées situées à l'ouest de la Chine et surtout dans l'Inde, 玄奘 *Hiuen-tchoang* avait fait son entrée solennelle à *Tch'ang-ngan*, chargé de reliques, de statues et de livres sacrés: ces derniers, comprenant 657 ouvrages, avaient été déposés dans le monastère 洪福寺 *Hong-fou-se*, puis (648) dans celui de 大慈恩寺 *Ta-tse-ngen-se*; et c'est là que *Hiuen-yng*, estimé pour sa science des caractères, avait été attaché au comité de traduction des livres bouddhiques institué par l'empereur, sur la demande de *Hiuen-tchoang* [1]).

Il était absolument impossible, dans ces conditions, que *Hiuen-yng* et son maître n'eussent point été frappés de la présence dans la Capitale d'un apôtre venu récemment d'occident, et dont un décret impérial avait consacré la présence et l'enseignement par l'établissement de 義寧坊 *I-ning-fang*. Il était également impossible qu'ils ignorassent le nom qu'il avait adopté pour désigner son Dieu.

Dès lors, tout nous porte à croire que ce nom, d'origine récente et jusque là uniquement chrétienne, a été recueilli pour la première fois dans un recueil bouddhique par *Hiuen-yng*: il enrichissait du coup son vocabulaire d'un élément nouveau, qui faisait honneur à son érudition et qui, par un rare bonheur, au point de vue de l'homophonie et de la synonymie, ne paraissait point à un bouddhiste trop jurer avec le mot et la notion d'Arhan, ce saint de l'ordre le plus élevé, dont l'état implique la possession des pouvoirs surnaturels et que plusieurs auteurs confondent avec Bouddha.

Nous avons rejeté plus haut, et à bon droit, l'hypothèse d'une coïncidence fortuite. Bien plus, de curieux rapprochements nous font saisir dans le choix des caractères exprimant

----

1) *Vie et voyages*, etc., pp. 292/303; 312/315.

Alaha, un but très déterminé et une méthode qui ne manque point d'intérêt.

Vers cette époque, nous voyons en effet les étrangers, dans la phonétisation des mots de leur langue en caractères chinois, manifester une tendance commune: celle de rapprocher l'expression graphique des notions analogues, pour peu que leur prononciation y prêtât.

Ainsi les Bouddhistes avaient, pour désigner leur Arhan, les expressions 阿羅漢 et 羅漢, tandis qu'ils exprimaient Radja par les caractères 曷羅闍 [1]). A leur tour, les Nestoriens adoptèrent les signes 阿羅訶 et 阿羅本 pour désigner leur Dieu *Alaha* et *Raban* (*Olopen*), leur premier missionnaire en Chine. Enfin les Juifs, tout en empruntant à la terminologie indigène les vocables signifiant la divinité, trouvaient moyen d'employer, dans de nouvelles combinaisons, les mêmes caractères dont s'étaient servis Bouddhistes et Chrétiens. Un exemple curieux de ce rapprochement nous est fourni par les fameuses Stèles de *K͏ᶜai-fong-fou*, dont nous parlait tout à l'heure le père Gozani: celles de 1488 et de 1512, copiées elles mêmes pour la nomenclature sur des monuments d'une ancienneté évidente, figurent le nom d'Abraham par les caractères 阿無羅漢 et 阿羅. Ainsi, le patriarche que la nation juive reconnait pour son père a été connu en Chine par deux, ou trois, des caractères, servant à exprimer le Saint du Bouddhisme, par deux des caractères rendant les noms d'*Alaha* et d'*Olopen*.

Nous le répétons, de tels rapprochements ne sauraient être l'effet du hasard: ils indiquent au contraire un dessein prémédité, auquel nous ne verrions à reprocher qu'une hardiesse trop grande, exposant les dogmes à la confusion.

______

1) Sur le rôle caduc des caractères 阿, 曷, voir ce que nous disons plus loin sur le nom d'*Olopen*.

II.

Pendant qu' *Olopen* fournissait ainsi la matière d'un nouvel article au vocabulaire Bouddhique, en créant le mot *Alaha*, il donnait au Messie un nom que devaient mentionner plusieurs fois les Bouddhistes dans les siècles suivants.

Ce nom de *Mechia*, qu'en 781 *King-tsing* figurait 彌施訶 sur notre Stèle, se retrouve vers la même époque, avec une variante d'écriture insignifiante (彌尸訶), dans un Catalogue de livres Bouddhiques de la période 貞元 *Tcheng-yuen* (A. D. 785—805): d'après une note critique de ce Catalogue, *King-tsing*, dans la traduction qu'il essaya d'un Sûtra de la langue 胡 *hou* en chinois, se serait efforcé de faire prévaloir la doctrine du *Mechia* [1]). Et cinq cents ans après (1291), un ouvrage Bouddhique cité par Palladius [2]), rappelait le culte que les Chrétiens, 迷屑 *Tersa*, rendaient au Messie, cette fois figuré 彌失訶.

La mention du Messie est accompagnée, dans la Stèle, d'une expression qui a fort exercé la sagacité des traducteurs et commentateurs. Composée des deux caractères 分身 *fen-chen*, elle se trouve deux fois dans l'inscription, vers le commencement de la Dissertation (序 *Siu*) et de l'Eloge (頌 *Song*). La voici du reste, avec son contexte dans ce double passage:

1. 我三一分身、景尊彌施訶⋯同人出代.
2. 眞主无元⋯分身出代.

C'est bien à propos de ces textes qu'on pourrait pardonner cette boutade à Bridgman, l'un des traducteurs de la Stèle: »S'il y avait cent traducteurs, ils donneraient chacun une version différente.» — De fait, on pourra constater, au com-

---

1) Cf. dans le *T'oung pao* de Déc. 1896, pp. 589/591, l'intéressant article de M. J. Takakusu: The name of «Messiah» found in a Buddhist book; the Nestorian Missonary Adam translating a Buddhist Sûtra.

2) Cf. dans *The chinese Recorder*, vol. VI, pp. 104 seqq. Traces of Christianity in Mongolia and China in the XIIIth Century.

mencement de notre 3e Partie, l'étonnante diversité des explications tentées jusqu'à ce jour.

Écartons tout d'abord de l'expression *fen-chen* le sens Nestorien que plusieurs ont cru y trouver.

L'abbé Renaudot (1718) est le premier auteur de cette prétendue découverte. Il venait d'établir historiquement le caractère Nestorien des auteurs de la Stèle, et d'autre part Kircher, un Jésuite, avait écrit un livre pour établir l'orthodoxie catholique des missionnaires Syriens. C'en était assez pour échauffer la bile de cet esprit brillant, mais passionné. Chose curieuse! Pour appuyer son affirmation, cet écrivain complètement ignorant de la langue chinoise, n'a besoin d'autres preuves que la traduction de ce même Kircher! Celui-ci avait traduit, d'après Boym: «Personarum trium una communicavit seipsam clarissimo venerabilissimoque *Mi Xio; ...* simul homo prodiit in seculum. — (Verus Dominus) communicando seipsum prodiit in mundum». C'étaient deux sens différents, dont aucun toutefois ne donnait à Renaudot le droit de conclure comme il le fit: «Ces paroles marquent clairement la manière dont les Nestoriens expliquent le Mystère de l'Incarnation, ne reconnaissant l'union du Verbe et de l'homme que dans l'inhabitation, par une plénitude de grace, supérieure à celle de tous les Saints [1]».

En réalité, rien n'était moins clair que cette conclusion, ce qui n'empêcha point Renaudot de faire école, jusque dans notre siècle. Wylie, bon sinologue mais pauvre théologien, voit dans l'expression *fen-chen* «une forte présomption en faveur de l'origine Nestorienne du monument... Si l'on cherchait un terme concis pour rendre le dogme Nestorien, il est douteux qu'on eût pu trouver une expression mieux appropriée [2]». — Or Wylie avait traduit: «Our Triune, Divided in nature, Illustrious and Honourable Messiah... — Divided in nature, he entered the

---

[1] *Anciennes relations*, etc. pp. 242, 243.
[2] *The N.-Ch. Herald*, N°. 283; 29 Déc. 1855.

world». Même en supposant cette traduction exacte, nous ne voyons pas en quoi cette singulière «division *de la Trinité* en deux natures» serait un indice des croyances Nestoriennes.

L'abbé Huc ne fut pas plus heureux, lorsqu'en 1857 il soutint la même thèse. Il n'avait du reste fait que copier sa traduction dans Visdelou et ses conclusions dans Renaudot, dont il taisait les noms [1]).

Vers le même temps, John Kesson proclamait que «le Credo du monument chinois est si évidemment Nestorien, qu'il serait superflu de prouver qu'il en est ainsi [2])».

Puis G. Pauthier, suivant en cela l'opinion de son maître Abel-Rémusat [3]), s'évertua, mais sans plus de succès, à établir le sens Nestorien des deux trop fameux caractères [4]).

Plus sage nous paraît le Dr. J. Legge, lorsqu'il fait cette observation: »Tout ce que je dois signaler est que le point embarrassant, en ce qui regarde le dogme particulier de Nestorius, est évité dans notre Inscription. La place où on eût été en droit de l'attendre est au commencement du 4e paragraphe, et il y est seulement dit: «Our Tri-une (Eloah) divided His Godhead, and the Illustrious and Adorable Messiah ... appeared in the world as a man ... D'autres traductions des caractères chinois ont été essayées, mais je ne puis construire et rendre ceux-ci par d'autres termes. Le point scabreux de la doctrine Nestorienne a été évité, et très sagement évité, par ceux qui composèrent l'Inscription [5])».

Cette traduction, à laquelle nous ne refusons pas de souscrire,

---

1) *Le Christianisme en Chine.* T. I. pp. 54, 65; 77, 78.

2) *The Cross and the Dragon.* Londres, 1854, p. 41.

3) *Nouv. Mélanges asiat.* T. II. Paris, 1829, p. 191. — Rémusat, sans justifier son opinion par un examen suffisant du monument, ni de la doctrine Nestorienne, s'est contenté de jurer sur la foi des philosophes très peu sinologues et nullement théologiens du XVIIIe siècle. Il confond notamment les Nestoriens et les Jacobites monophysites, les partisans d'erreurs diamétralement opposées!

4) *L'Inscription Syro-chinoise de Si-ngan-fou*, pp. 7; 55, 56.

5) *The Nestorian Monument of Hsi-an Fu.* Londres, 1888, pp. 5, 25; 42.

se rapproche beaucoup de celle qu'avait donnée Prémare dans une lettre déjà citée. La traduction littérale Kircher-Boym, utilisée plus tard par Renaudot en faveur de son opinion, nous a valu les explications suivantes: «Il n'y a pas un mot qui ne soit répréhensible (dans cette version). *Ngo-san-yi* (我三一) ne peut signifier *trium personarum una*, mais l'Unité Trine que nous adorons; comme on a coutume de dire *Ngo-hoang-chang* (我皇上) notre Empereur, le Roi que nous servons. Alors, dit le texte chinois, *notre Unité Trine sépara une personne, afin qu'elle fût l'adorable Messie et ... qu'elle naquît semblable aux hommes.* On avait dit dès le commencement *ngo-san-yi-miao-chin* (我三一妙身) les personnes adorables de notre Trinité. La lettre *chin* signifie la personne. On dit *sieou-chin* (修身), orner sa personne par la vertu; et c'est de là que le texte a dit *fen-chin* (分身)[1])».

Legge a traduit *chen* par Divinité, Prémare par Personne divine; en réalité, ce mot peut être pris dans l'un et l'autre sens, la philosophie chinoise ne distinguant point les notions de substance et de personne avec la précision que le dogme chrétien a introduite dans les langues d'Occident.

Ce qu'il importe de remarquer, avec nos deux auteurs, bons juges en matière de sinologie, c'est que l'expression *san-i* ne signifie pas «l'une des trois personnes», comme l'ont cru la plupart des premiers traducteurs. Dès lors, si l'on fait un verbe du mot *fen*, il a pour sujet, non le Messie, mais la Trinité tout entière. Et cette remarque, qui rend encore plus nécessaire la construction du second texte, suffirait à elle seule pour renverser le raisonnement de Renaudot.

En tenant compte de cette observation, nous trouvons, dans nos différents auteurs, les sens qui suivent: «Notre Trine Unité communiqua une Personne — communiqua sa substance; — ou: divisa, mit à part, sépara, etc. — donna un corps».

---

1) *Op. et loc. cit.*, p. 584.

D'autres ont fait de *fen* un participe. La phrase présente alors ce sens: «De notre 'Trine Unité la Personne divisée, la Divinité séparée . . .»

D'autres enfin ont vu dans les deux caractères *fen-chen* un substantif composé, répondant à l'idée de «Personne». Cette interprétation qui, comme la précédente, présente un avantage au point de vue littéraire, celui d'une phrase moins morcelée, nous semble devoir être rejetée. C'était, si je ne me trompe, le sens que le Père Diaz attachait à *fen chen*, dans son commentaire chinois de 1644: 分身者、乃天主第二位也. «*Fen-chen*, c'est la 2e Personne divine». Il faudrait, dans ce cas, construire le mot *fen* avec l'accent *K'iu-chen* 分 ; l'expression *fen-chen* présenterait alors une grande analogie avec 分位 *fen wei*, et se traduirait «particeps substantiae, qui a sa part propre de la substance; Personne».

Quelque brillante que nous paraisse cette interprétation, elle a pour nous le tort grave d'être trop *a priori* et nous lui préfèrerions celle que nous livreraient des monuments contemporains [1].. Or, en dépit de Wylie qui voyait dans le terme *fen-chen* «un caractère non commun, suffisant pour attirer l'attention »sur les doctrines Nestoriennes, la trop fameuse expression avait au VIIIe Siècle un sens nettement déterminé et d'une tout autre portée.

Qu'on se reporte à la page 201 de notre 2e Partie. Au milieu de cette inscription, qui date de l'année 752 et que *King-tsing* avait dû voir plus d'une fois dans l'enceinte du monastère 千福寺 *T'sien-fou-se*, le lecteur verra un curieux emploi de l'expression qui nous occupe. Voici ce passage 入禪定、忽見寶塔宛在目前、釋迦分身遍滿空界. «(Le Maître de la contemplation *Tch'ou-kin*) étant entré en extase, vit tout-

---

[1] Nous lui préfèrerions même le sens fort vulgaire, mais encore très moderne, de «mettre au monde», que dans le langage ordinaire, certaines contrées donnent à l'expression *fen-chen*.

à-coup comme une tour se dessiner sous ses yeux et *Sakya* se multipliant remplir l'espace.»

Ce fait merveilleux, qui donna bientôt naissance au *Stupa* de *Prabhutaratna*, 多寶塔, cette tour à laquelle est précisément dédiée l'inscription susdite, rappelle un phénomène surnaturel appelé par les Docteurs Catholiques «multilocation, ou réplication», imitant de loin l'ubiquité divine, et consistant dans la présence simultanée d'un corps ou d'un esprit dans des lieux différents.

Ce phénomène, qui multiplie les présences comme en «divisant le corps ou la personne» (分身), fut attribué de vieille date par les Bouddhistes, d'une façon très particulière, à *Maitreya*, le continuateur actuel de la mission de *Sakyamuni*. «Aussi, observe M. E. J. Eitel, ce *Bodhisattva* est-il le Messie attendu des Bouddhistes, mais gouvernant dès maintenant la propagation de la foi Bouddhique, notamment par le moyen de naissances ou d'apparitions spontanées sur la terre [1]».

Donnons un exemple de ces apparitions attribuées à *Maitreya*, descendant du Ciel (天 *Dévalóka*) *Tuchita*, pour le salut des mortels.

L'ouvrage 傳燈錄 *Tchoan-teng-lou*, écrit sous les *Song*, dans la période 景德 *King-té* (1004—1007) par le Sramana 道原 *Tao-yuen*, rapporte le fait suivant à la 3e Lune de l'an 917 : 布袋和尚偈曰、彌勒眞彌勒分身千百億、時時示時人、時人自不識. «Le Bonze *Pou-tai* fit cette invocation : «*Maitreya*, le divin *Maitreya* se multiplie dix milliards de fois; sans cesse il apparaît aux hommes, et les hommes ne le connaissent pas [2].»

---

1) Cf. *Hand-book of Chinese Buddhism*, sub voc. *Anupapâdaka*, *Nirmânakâya Maitreya*, *Trikâya*, *Tuchita*.

2) Voir aussi le 指月錄 *Tche-yué-lou* (2e *Kiuen*), où l'on prête à ce Bonze, originaire du *Tché-Kiang*, cette autre invocation (*Gâthâ* 偈): — 軀分身千百億·

L'expression *fen-chen* prise dans ce sens était dès lors fort populaire. Nous lisons en effet dans le 清異錄 *Ts°ing-i-lou*, ouvrage fait sous les *Song* par 陶穀 *T°ao Kou* (né vers 930, mort à 68 ans), que 葛從周 *Ko Tsong-tcheou*, général très brave de la Dynastie *Liang* (907—923), reçut des gens de *Tsin* le surnom de 分身將 *Fen-chen-tsiang*, «Général qui se multiplie ou se dédouble», parce que «dans l'action, semblable à un Esprit, on le voyait apparaître sur tous les points»: 每臨陳、東西南北忽焉如神.

Il est impossible que *King-tsing*, traducteur de *Sutra* et si bien au fait de la terminologie Bouddhique, ait pris l'expression *fen-chen* dans une autre acception que celle que lui attribuent les monuments contemporains. Dès lors, il nous paraît certain qu'il a eu en vue, par ce choix, d'exprimer une nouvelle présence du Fils de Dieu sur la terre. Et vraiment, nous ne voyons pas que cette locution soit moins propre que plusieurs autres de l'Écriture, où l'auteur s'est aidé de comparaisons matérielles, tirées du langage commun des hommes [1]).

III.

L'arrivée d'*Olopen* à *Tch°ang-ngan* est indiquée par ces paroles: 大秦國有上德、曰阿羅本、占青雲而載眞經、望風律以馳艱險. Une boutade de Voltaire a donné à ce passage de la Stèle une célébrité qu'à coup sûr n'avait point rêvée le Philosophe. Voici ce qu'il écrivait dans son *Essai sur les mœurs:* «Il est évident par l'inscription même que c'est une de ces fraudes pieuses qu'on s'est toujours trop facilement permises... Ce nom d'Olopuën, qui est, dit-on, chinois, et

---

1) Ainsi, le Chap. XI de la *Genèse* (v. 5, 7) nous représente «le Seigneur, descendant (du Ciel), pour voir la cité et la tour (de Babel), que construisaient les fils d'Adam». — Et le symbole catholique nous retrace d'une façon analogue la mission sur la terre de la seconde Personne de la Trinité, laquelle «descendit du Ciel, descendit de cœlis». — Ces diverses formules ne sont vraies que moyennant explications: elles s'accommodent aux imperfections du génie créé, tout comme l'expression *fen-chen*.

qui ressemble à un ancien nom espagnol, ces nuées bleues qui servent de guides ... tout cela fait voir le ridicule de la supposition».

Abel-Rémusat a fait justice de cette accusation: «Ces expressions, a-t-il écrit, peuvent sembler très plaisantes dans nos traductions françaises; mais elles sont toutes simples et conformes au style ordinaire. Voltaire voulait, à toute force, trouver en faute l'inscription de Si-an-fou [1]) ...»

La leçon était méritée; cependant les expressions défendues par Rémusat n'étaient point aussi «simples» qu'il se l'imaginait. Il a compris, comme tant d'autres, «qu'Olopen est venu à la Chine, *conduit par des nuées bleues, et en observant la règle des vents*». Or cette traduction est un contre-sens pur et simple.

Des nombreuses versions que nous avons sous les yeux, aucune n'a échappé à l'écueil que lui préparait l'allusion cachée sous ce texte. On a même fait de longues dissertations pour justifier une traduction fautive.

Voici par exemple comment Visdelou lui donne une couleur assez vraisemblable: «*Olopen*, contemplant le ciel, et ayant égard aux saisons des vents, vint à la Chine. L'auteur s'exprime ainsi pour exagérer la difficulté du chemin qu'*Olopen* devait faire pour arriver à la Chine. Car il faut savoir qu'il se trouve dans la Tartarie un grand nombre de vastes sablonnières, et qu'il y en a surtout une sur les limites mêmes de l'Empire de la Chine, qui est la plus dangereuse de toutes, et que l'on dit être infestée par des lutins et des esprits follets. On y entend çà et là (à ce que disent les Chinois) des voix, tantôt comme des personnes qui pleurent, tantôt comme des gens qui rient, tantôt comme des gens qui appellent. Si quelqu'un, poussé par la curiosité de savoir d'où viennent ces voix, sans que l'on voye personne, s'éloigne tant soit peu de la troupe des voyageurs,

---

1) *Nouv. mél. as.* T. II, p. 192.

il disparaît à l'instant et périt sans ressource. Ceux qui traversent ces sablonnières, dirigent leur route pendant le jour sur le soleil, et pendant la nuit sur les étoiles et la lune. Mais le plus grand danger vient des vents, qui soulèvent ces sables arides, et les élèvent en forme de nuages; c'est ce que l'Auteur indique ici [1])».

Nous verrons bientôt combien vaines sont ces conjectures. Qu'on nous permette, en attendant, de rapprocher les diverses traductions du passage ci-dessus, que nous ont fournies les auteurs de la Compagnie de Jésus. Le lecteur verra dans ces simples citations la parfaite indépendance des traducteurs, et dès lors il pourra conclure à la loyauté de ceux qu'il fut longtemps de mode de traiter en faussaires.

1°. Dans sa traduction de 1625, que nous espérons bientôt éditer, Nicolas Trigault fait rapporter l'expression 大秦國 à la phrase qui précède; puis il poursuit: «Summæ virtutis fuit hic vir, *Hō ló pùen*, qui nubes considerando veræ legis librum detulit, venit et veniendo vidit regnorum, quæ pertransiit leges et mores, difficultates et pericula superavit.»

2°. La traduction italienne de 1631 porte ce qui suit: «Venne da Giudea vn' huomo di suprema virtù chiamato Olò puèn; che guidato dalle nuuole portò la vera dottrina, e guidandosi per venti, e carte da nauigare, sostenne molti trauagli et pericoli.» — Athanase Kircher a donné la même version en latin, d'abord dans son *Prodomus* (1636), puis dans sa *China* (1667).

3°. Dans son édition espagnole (1642), le Père Sémédo donnait cette traduction abrégée: «... Vino desde Judea un Hombre de superior virtud, de nombre Olopuen, que guiado de las nubes truxo la verdadera Dotrina.»

4°. Le Père Emmanuel Diaz (*Junior*), dans son commentaire chinois (1644), se rattache à l'interprétation de 1631, en ce qui concerne l'arrivée par mer d'Olopen à la Chine: 有上

---

1) *Supplem à la Bibl. orient. de d'Herbelot*, p. 190.

德阿羅本者、自大秦國、航海歷險、至于中國·

5°. Le Père Boym datait de 1653 la traduction suivante qu'il laissait à Kircher: «...Venit homo de *Tacyn* (id est, Judæa) regno, habens supremam virtutem, nuncupatus *O-lo-puen*, directus a cœruleis nubibus et deferens veræ doctrinæ scripturas, contemplando ventorum regulam ad decurrenda laborum pericula.»

6°. Vers le même temps, le Père de Gouvea, dans une nouvelle traduction que nous comptons offrir bientôt au public avec celle de Trigault, tranchait encore par une plus grande originalité sur ses prédécesseurs: «Regni Tacin altioris virtutis homo dictus Olopuen dabatur: hic equitans nitidas nubes attulit veram doctrinam, videns bonam occasionem velociter venit per difficultates et pericula.»

7°. En 1663, Bartoli, réunissant «huit versions en trois langues différentes» qu'il avait sons les yeux, donnait dans sa *Cina* cette version incomplète: «... Un huomo d'eminente virtù, chiamato Olopuen, considerato l'andar delle nuuole (cioè informatosi del viaggio) venne per gran pericoli, e gran disagi a portargli la vera dottrina.»

8°. Enfin Visdelou datait de 1719 une double traduction française, conforme aux observations que nous avons reproduites tout à l'heure.

En résumé, l'expression 占青雲 a été traduite par les anciens Jésuites: «considérer les nuages; se guider par les nuages; être à cheval sur les nuages». Et l'expression 望風律: «observer les lois et les mœurs; se guider par les vents; se laisser conduire par les vents de mer; observer la règle des vents; voir une occasion favorable».

On ne pouvait sans doute reprocher à ces traducteurs de s'être concertés pour supposer une inscription dont ils avaient si peu la clef!

Les sinologues étrangers à la Compagnie, qui ont entrepris la version de notre monument, ont interprété ce passage d'une façon plus uniforme, mais également éloignée du vrai sens. Contentous-nous de rapporter les traductions de M. J. Legge et de Mgr Masót, parues toutes deux en 1888.

Voici celle du vétéran de la sinologie: «In the Kingdom of Tâ Ts'in there was a man of the highest virtue called Olopun. Guiding himself by the azure clouds, he carried with him the True Scriptures. Watching the laws of the winds, he made his way through difficulties and perils.» Celle de l'évêque espagnol, imprimée à la même époque à Manille [1]), renferme le même sens: «... Había en Siria un hombre llamado *Alopen*, varon de superior virtud, el cual, observando los azules cielos, vino à China, trayendo las verdaderas Escrituras, confiando en las reglas de los vientos pudo evitar grandes peligros y dificultades».

Il est temps de remplacer ces traductions fautives. Or c'est un opuscule fort ancien qui nous livrera le vrai sens d'une phrase jusqu'ici incomprise. Cet ouvrage, attribué par le Catalogue raisonné des bibliothèques de *K'ien-long*, 四庫全書目錄, à *Tong-fang cho*, qui vivait vers le milieu du 2e Siècle av. J.-C., porte pour titre 海內十洲記 : «Mémoires des dix îles». Fabuleux jusqu'à la puérilité, comme l'a bien remarqué A. Wylie dans ses Notes de littérature, lui seul peut cependant nous livrer un secret sans la connaissance duquel l'allusion du moine *King-tsing* continuera de rester incomprise.

Voici, traduite du chinois, l'histoire qui éclaire l'arrivée d'Olopen [2]).

«Continent *Tsiu-k'ou* 聚窟洲, dans la mer occidentale.

«La 3e année *Tcheng-ho* 征和 [3]) (90 av. J.-C.), l'empereur

---

1) *El Correo Sino-Annamita.*

2) Malgré l'affirmation des académiciens de *K'ien-long*, Wylie estime que cet ouvrage ne remonte pas au-delà du 4e ou du 5e siècle de notre ère. Tout au moins, si l'on tient à ce qu'il en soit l'auteur, conviendra-t-il de le faire vivre jusqu'à l'année assignée à ce fait. C'est en l'an 138 que *Tong-fang cho* entra au service de l'empereur *Han-Ou-ti.*

3) *Le Pé-wen-yun-fou* indique la période *T'ien-han* 天漢 (100—97).

Ou-ti 武帝 étant venu à *Ngan-ting* 安定 [1]), le prince de Bactriane [2]) des *Hou* occidentaux 西胡 envoya un ambassadeur lui offrir quatre onces d'encens, de la grosseur d'un œuf de moineau, et noir comme le fruit du mûrier. L'empereur, considérant que cet encens était un produit étranger à la Chine, le fit remettre au Trésor extérieur. On lui offrit aussi une bête féroce, qu'à l'apparence on eût prise pour un chien de 50 à 60 jours, grand comme un chat sauvage et de couleur jaune [3]). L'ambassadeur reçut l'ordre de l'introduire, pour que l'empereur le considérât. L'ambassadeur l'apporta comme on ferait d'un jeune chien: il était maigre, petit, pelé et tout piteux, ce qui augmenta l'étonnement d'un tel manque de procédé. «On pourrait se jouer de ce petit être, fut-il dit à l'envoyé; comment l'appelez-vous une bête féroce?» L'envoyé répondit: «Sa force, qui dépasse celle de cent bêtes sauvages, ne doit pas être jugée par sa taille. L'Unicorne est le roi du puissant éléphant; le Phénix est le prince du rock immense; le Dragon sert de modèle aux animaux munis de cent pieds: et ce n'est point une question de grandeur ou de petitesse. Notre état est à trois cent mille *li* d'ici; on y observe constamment les présages célestes (國有常占). Or le vent d'Est a soufflé d'après les lois harmoniques (東風入律) durant des centaines de décades sans discontinuer; et les nuages azurés ont donné leur note musicale (青雲干呂) des mois entiers sans interruption. De là, nous pûmes inférer qu'en ce même temps, il se trouvait en Chine un prince vertueux. Mon prince, qui méprise toutes les sectes et n'estime que les lettrés vertueux, qui fait fi des richesses et ne prise que les objets merveilleux, a fait rechercher parmi les plus

---

1) Aujourd'hui sous-préfecture de *Long-té-hien* au *Kan-sou.*

2) 月支, traduit 薄佉羅國, par l'ouvrage 一切經音義, 4e *Kiuen.*

3) Les Annales *Sin-T'ang-chou* citées par F. Hirth, décrivent un animal semblable, qu'on a voulu identifier avec l'hyène ou le chacal.

rares produits et vous offre de l'encens divin (神香); il est allé dans les forêts célestes (天林) et leur a demandé cet animal féroce. Monté sur un char léger, j'ai franchi les abîmes des eaux faibles (弱淵); stimulant les pieds de mon coursier rapide, j'ai passé les sables volants. Immense a été la distance; pénibles ont été les chemins: or voilà maintenant treize ans! L'encens divin rappelle à la vie ceux qu'a ravis une mort prématurée ou tragique; l'animal féroce délivre des génies malfaisants de toutes sortes. Ces deux objets assurent le salut de tous les vivants et contribuent à la prospérité du gouvernement. Qui eût pensé que vous méconnussiez la vérité? Notre état s'était donc trompé en tirant les présages du vent (占風)?»

Cette page curieuse, dont les légendes et le vocabulaire Taoïstes éclairent plus d'un passage difficile de la Stèle, nous donne enfin le vrai sens des «nuées bleues»! — Sans être «toutes simples», ainsi que l'affirmait Abel-Rémusat, les expressions qu'elle explique, loin de «faire voir le ridicule de la supposition», deviennent un nouvel argument en faveur de l'authenticité de la Stèle et du goût littéraire de son auteur.

En définitive, il faut voir dans ces nuages et dans ce vent, non point des phénomènes météorologiques qui accompagnèrent le voyage d'Olopen, mais une formule flatteuse pour l'empereur *T'ai-tsong* dont la renommée attirait vers la Chine les prédicateurs d'Occident. Cela se comprendra mieux encore lorsque nous aurons adjoint à ce passage la phrase qui le précède immédiatement dans l'inscription. En voici la traduction littérale, extraite de notre troisième Partie:

«*T'ai-tsong* Expolito imperatorio principe, gloriosè floridèque auspicante fortunam, conspicuè sapienterque gubernante populum Magnæ *Ts'in* regni, fuit Magnæ virtutis dictus *O-lo-pen*: augurans cœruleis nubibus, tunc attulit sanctos libros; intendensque auræ harmoniæ, indè obiit difficultates periculaque.»

IV.

Voltaire n'avait point été plus heureux lorsqu'il tournait en dévision le nom du missionnaire Nestorien. Quelle apparence y avait-il que des Jésuites faussaires eussent choisi «un ancien nom espagnol» pour en décorer leur héros?

Le fait est que longtemps les missionnaires de la Compagnie, sans se mettre en peine de chercher à ce vocable une origine étrangère, se contentèrent de le rendre par son équivalent phonétique *O-lo-pen*, figuré *O-lo-puen* par les Pères portugais.

D'autres prirent l'initative des interprétations. Visdelou, dans ses notes, en signale une, facétieuse peut-être, à coup sûr originale. «Cet homme d'ailleurs très savant, écrit-il sans le désigner autrement, donnant un peu trop aux conjectures, transforme par anagramme le nom d'*Olopen* en *Polven* ou *Pol Vénitien*, qu'il prétend être l'auteur faussaire de ce Monument.»

C'est faire assez d'honneur à cette hypothèse que de l'avoir signalée. «Rien n'est plus certain, concluait Visdelou, que l'on ne peut rien tirer des noms écrits en caractères Chinois, tant les Chinois ont coutume de les défigurer et de les altérer, faute de certaines lettres et syllabes. Pour moi, qui ai lu plusieurs de ces mots ainsi détournés, je me porte aisément à croire que le nom véritable d'*Olopen* était *Arben*, ou, si l'on veut, *Orben* ou encore *Oroben*.»

Assémani n'a été ni moins hardi, ni plus heureux, que «cet homme très savant». «Le nom chinois d'Olopuen, dit-il, est formé, si mes conjectures sont fondées, du Syriaque Jaballaha (Dieudonné): car Allaha, qui signifie Dieu, était prononcé *Olo* par les Chinois, comme nous l'avons vu plus haut. Quant à Jab, qui signifie «a donné», ou il a été rejeté pour abréviation, ou il a été, conformément au génie de la langue chinoise, transformé eu *puen* et placé à la fin du mot.»

Pauthier lui aussi voulut voir dans les deux premières syllabes d'*Olopen* le nom de Dieu, et ce préjugé le mena à une conclusion en faveur de laquelle il eut le tort de se montrer trop affirmatif. Suivant lui, «ce nom est syriaque, s'écrit *Alopeno* et signifie *retour de Dieu*.»

Le Colonel Yule, rejetant la première syllabe et faisant appel aux sons anciens des caractères chinois, ouvrit enfin la voie à des conjectures plus plausibles. «*Olopen*, se demande-t-il, ne serait-il pas une forme chinoise du syriaque *Rabban* (moine), sous lequel l'apôtre en était venu à être généralement connu [1])?»

Depuis longtemps, Stanislas Julien avait donné les principes qui autorisaient une telle interprétation. Dans sa *Méthode pour déchiffrer et transcrire les noms sanscrits*, il avait signalé «le rôle remarquable de *A*, placé en tête des mots chinois phonétiques, dont les correspondants sanscrits commencent par un *R*.» Et parmi «les mots chinois prononcés *Ho*, qui figurent un *a* caduc en tête des mots indiens commençant par *r*,» il cite le caractère 阿 [2]).

Ce principe, connu de F. Hirth, lorsqu'il proposa le nom de Ruben ou Rupen [3]), fut encore développé par de nouveaux exemples de cet écrivain [4]). «Le nom de Ruben, conclut-il, était commun parmi les Nestoriens, et pour cette raison, je lui donnerais la préférence sur le syriaque «Alopeno «de Pauthier.»

Une difficulté nous frappe dans l'interprétation de M. Hirth. Il fait exprimer au caractère 羅 un son (*ru*) qu'on ne lui trouve dans aucun des mots où il figure comme élément phonétique du sanscrit. Toute une classe de caractères chinois, se prononçant *lou*, est réservée pour la reproduction de ce son [5]).

Il ne nous reste donc qu'à nous rattacher à l'opinion du

---

1) *Cathay*. Vol. I, p. XCIV, not. — *Marco Polo* (1875). Vol. II, p. 22, not.
2) *Op. cit.*, pp. 53, 234.
3) *China and the Roman Orient* (1885) p. 323.
4) *Chinese equivalents of the letter «R" in foreign names*, dans le *Journal of Ch. Br. R. As. Soc.*, Vol. XXI (1886).
5) *Méthode*, etc., pp. 148, 149.

colonel Yule, la seule qui donne pleine satisfaction aux lois connues de la figuration des noms étrangers en Chine vers cette époque.

C'est également la conclusion à laquelle est arrivé le Père Louis Cheïkho, dont je citerai en terminant la solution suivante, datée de Beyrouth, 31 Novembre 1894: «Pour les noms des prédicateurs, je vous proposerais d'abord, au lieu d'Olopen, «Raban», puisque le chinois l'autorise. Ce nom est tout à fait syriaque et signifie «dominus noster». On pourrait le lire aussi «Rabana», ou «Rabono» qui répond à «Doctor». Je trouve cette lecture beaucoup plus satisfaisante notamment que celle de Pauthier, qui ne répond à aucun nom connu».

Zi-ka-vei, 12 Mai 1897.